Les filles sont bêtes, les garçons sont idiots

Illustrations : Fred Bernard
Conception graphique couverture : Les Associés réunis

26, rue Berthollet
75005 Paris
Dépôt légal : août 2006 - N° d'impression : 26-1275
Isbn : 2-7557-0146-3
N° 0146-2

www.editionsdupanama.com

Vincent Ravalec

PANAMA

Des dragons et des Princesses...

Les filles sont bêtes je m'étais dit un matin. C'était venu comme ça, paf, je m'étais réveillé et c'est ce qui m'avait traversé l'esprit. Trop de contes de fées, là était le problème.

Elles attendent le Prince Charmant et il ne vient jamais.

Elles s'imaginent je ne sais quoi. Que l'on va tomber amoureux, terrasser un dragon, ou se battre contre une armée de racailles pour les défendre si elles se font racketter.

Je n'étais jamais sorti avec une fille mais je m'y intéressais beaucoup.

D'un point de vue philosophique je veux dire.

Il me semblait nécessaire de comprendre le truc avant d'aller voir plus avant.

Il y en a pour qui l'adolescence provoque une poussée d'acné, moi c'était plutôt de l'ébullition cérébrale. Le genre à me demander pourquoi toutes les cinq minutes.

Pourquoi quoi ?

Pourquoi tout.

Pourquoi y a-t-il des feux rouges et des étoiles dans le ciel, est-ce que ça a un rapport ? Pourquoi la confiture de fraises et pourquoi les chaussettes sales sentent-elles mauvais, et ainsi de suite ?

Vu mon âge je suppose qu'il était dans l'ordre des choses que le dossier Filles apparaisse sur le bureau de mon ordinateur.

Mais quand même, pourquoi les garçons sont-ils attirés par les filles alors que les filles sont bêtes et que les dragons n'existent plus ? Cela m'intriguait au plus haut point.

Perçons ce mystère mes chers frères, sortons nos loupes et nos microscopes et penchons-nous sur la question.

Car il y a évidemment un mystère là-dessous.

Beaucoup de gens pensent que le fait d'avoir douze ou treize ans interdit toute réflexion personnelle. Je peux vous assurer que c'est complètement faux. Au contraire. C'est un âge où l'on réfléchit beaucoup. Bien sûr la plupart des ados ne cogitent peut-être pas du matin au soir, mais moi oui. Pour une raison simple : c'est que je suis loin d'être convaincu par ce que l'on a préparé pour moi.

Non que j'imagine que le monde soit de la crotte.

Ou que je trouve tout débile.

Ou que le fait de coller sur mon sac de classe une marque de chaussures de sport et un slogan pour des hamburgers me rebute, non, mais je veux être certain que ça me correspond. Ou au moins comprendre pourquoi on me le propose. Je ne vois pas pourquoi on serait obligé d'adhérer à tout sous prétexte que tout le monde le fait.

N'allez pas non plus penser que je suis un rebelle. Pas exactement. J'essaie juste de me faire une opinion par moi-même. C'est une position que j'ai dû adopter très tôt. Avant même de savoir parler. Si, si, je vous jure, c'est vrai. La nounou qui me gardait quand j'étais petit me donnait toujours à manger mes petits pots trop chauds, en étant persuadée qu'ils étaient à la bonne température. C'est une expérience qui m'a forgé le caractère. Fais-toi d'abord ta propre opinion et ne laisse personne décider pour toi si la température de la bouillie est correcte, c'est ce que je me suis dit à ce moment-là.

Et croyez-moi, je n'ai jamais dérogé à cette règle.

Donc j'ai pensé les filles sont bêtes en me réveillant ce matin-là. Pas du tout de manière méchante, ou méprisante. Non. Juste les filles sont bêtes parce qu'elles ont toujours tendance à se mettre le doigt dans l'œil concernant la réalité. Ce truc de contes de fées, particulièrement, m'avait quasiment sauté au visage. Non pas que je sois du genre à tout analyser et à couper les cheveux en quatre, mais d'avoir côtoyé pendant trois ans un petit ami de ma mère psychanalyste m'a donné une légère déformation de ce côté-là.

Tout analyser est bien sûr difficile, et ça ouvre la porte à pas mal de n'importe quoi, mais il n'empêche, ça n'est pas complètement idiot.

« Celui qui ne connaît pas son passé est condamné à le recommencer. »

C'est absolument véridique.

Si je n'avais pas réussi à comprendre ce qui s'était joué avec la température de mes petits pots – la certitude de ma baby-sitter d'être dans le vrai en dépit de mes tortillements de nourrisson –, je suis certain que cet épisode cruel de mes premières années, au lieu d'être aujourd'hui un atout, serait resté un traumatisme, et qui dit traumatisme dit forcément un jour ou l'autre blocage.

Et je n'avais pas du tout envie d'être bloqué avec mon dossier Filles.

Avant de me lancer à l'attaque – parce que avouons-le j'étais curieux de savoir ce que ça faisait de mettre ma langue dans la bouche et de tourner et de me coller contre des seins et tout le truc – je voulais d'abord avoir compris la psychologie féminine.

J'avais donc entrepris une vaste enquête – avant la pratique un peu de théorie – de façon à ne pas me retrouver désarçonné et surpris le moment venu.

Pour cela je m'étais plongé dans la collection de *Cosmopolitan* et de *Marie-Claire* de ma mère.

Quitte à enquêter, autant le faire avec des éléments tangibles.

Et je dois reconnaître que ce que j'y avais trouvé m'avait plongé dans un léger désarroi.

Que les filles attendent le Prince Charmant c'était évident. On en parlait à chaque numéro. Mais – et c'est là que cela devenait surprenant – il y avait... heu, autre chose.

Autre chose, allez-vous me dire, certes, mais quoi ?

Eh bien si l'on était honnête, les journaux féminins étaient des… des journaux porno déguisés.

Aussi incroyable que cela paraisse.

Eh oui mes chers frères. Il suffisait d'en lire deux ou trois pour comprendre. Ce n'était évidemment pas possible de faire *vraiment* un magazine porno alors ça restait discret. On avait camouflé le truc.

« Bonjour je voudrais *Cosmo* s'il vous plaît.

– Ne m'en dites pas plus, chère madame, ça vous fera deux euros. »

Si mes chers frères, voilà quelle réalité j'avais découverte, moi qui n'avais jamais embrassé une fille, du haut de mes douze ans. Ce n'était que « Comment j'ai trompé mon fiancé avec son meilleur ami », « Êtes-vous déjà sortie avec votre patron ? », « Vos fantasmes les plus inavouables ». J'en passe, et des plus salées.

Le Sexe était au cœur de leurs préoccupations.

Mais si on y regardait de plus près – c'est ce que je faisais tous les matins en trempant mes tartines dans mon chocolat, ce qui rendait ma mère folle parce qu'elle récupérait son magazine maculé de cacao – c'était encore plus… complexe.

Car Sexe et Amour étaient bien sûr associés. Ce n'était pas tout blanc d'un côté et tout noir de l'autre. Non. Il y avait plein de nuances. « Comment rencontrer l'homme de sa vie » et « Je veux avoir plein de bébés et que l'on m'offre des fleurs » voisinaient avec « Clubs échangistes : la dernière tendance ».

Hum, hum, j'en avais conclu que les filles étaient du genre sentimental-porno.

Concept des plus étranges.

Car sentimental-porno, si je faisais une analogie avec les contes de fées, cela donnait quelque chose comme : « Viens me protéger ô toi qui galopes sur ton cheval blanc, j'adore me faire dévorer par l'Ogre. »

Or, vous en conviendrez, ces deux propositions sont antinomiques. Je veux dire c'est complètement contradictoire. On ne peut pas *en même temps* avoir envie que le Chevalier radine à toute blinde pour vous délivrer et *en même temps* se poiler d'aise dans l'assiette de la Bête.

Sans compter que dans la vie le Prince Charmant n'est absolument jamais là. Et n'allez pas croire que je pense ça parce que je vis tout seul avec ma mère, pas du tout, rien à voir. Regardez autour de vous.

En général c'est édifiant.

C'est donc agrémentée d'une bonne dose de perplexité qu'avait démarré la seconde partie de mon enquête.

Une seule chose semblait claire. Les filles étaient encore plus compliquées qu'elles n'y paraissaient.

De la nécessité de poursuivre l'enquête

Ouvrons donc l'œil me suis-je dit, bien décidé à ne pas en rester là.

Et comme la lecture des magazines était quand même un tantinet théorique, j'ai décidé de passer à la pratique. C'est donc gonflé à bloc, paré d'un heaume et d'une armure, que j'ai investi l'intercours, hennissant discrètement et piaffant à la cantonade. J'avais lu une longue interview (dans *Cosmo* of course) d'un scientifique expliquant que les femmes sont sensibles à certaines gestuelles (danse nuptiale) et à des sécrétions – les phéromones –, ce qui en toute honnêteté n'était pas un scoop, il suffisait d'avoir lu *Le Nid des Marsupilamis* pour le savoir. J'ai donc arpenté le hall en clamant quelques « Houba », sans grand succès je dois l'admettre.

« Qu'est-ce que t'as ? m'a demandé Félicien. T'as l'air bizarre. Pourquoi tu marches comme ça ?

– Je fais des estimations scientifiques, j'ai répondu. C'est pour mes expériences. »

L'ennui avec les gens de mon âge, c'est que peu ont vraiment de goût pour la recherche. Quand il s'agit de s'abrutir avec des jeux vidéo ou de se taper des pizzas devant des films gore ils sont partants, mais parlez-leur un peu de projet philosophique, ou juste de curiosité humaine, et c'est la bérézina. En gros les trois quarts s'en foutent du pourquoi du comment.

« Tu ne t'es jamais demandé pour quelle raison les filles et les garçons ont envie de s'embrasser ?

– Épineuse question, a répondu mon camarade. (C'est un des intellectuels de la classe.) Pour voir comment respire quelqu'un du sexe opposé ? »

J'avoue que sa réponse était intéressante.

« Et toi, j'ai demandé à Théo (Théo était gros, véritable handicap, il le savait), t'en penses quoi ?

– Pas grand-chose, il a reconnu, je suis pas sûr qu'une seule fille ait déjà eu envie de le faire avec moi, alors je préfère pas y penser.

– Ça c'est psychologique, a enchaîné Aristide. Si tu penses qu'aucune fille n'a envie de t'embrasser, ça risque pas d'arriver.

– En même temps, s'en est mêlé Marc-Fabien, si tu y penses trop et que personne ne veut, tu vis un cauchemar.

– T'es dur, a dit Benoît, c'est pas parce que Théo est gros qu'il va forcément vivre un cauchemar.

– N'empêche que, c'est vachement plus facile quand t'es maigre. C'est pour ça que les filles font des régimes.

– Elles font des régimes pour rouler des pelles ?

– Non, je veux dire, c'est plus compliqué, parce que si elles sont grosses elles ont des complexes. Et plus elles ont de complexes et plus elles cherchent à embrasser pour se prouver qu'elles n'ont pas de complexes.

– Oui mais les complexes tu peux les soigner avec un traitement, c'est la psychologue de l'école qui l'a dit à ma sœur.

– Pourquoi ? Ta sœur est grosse ?

– Non, mais elle a fait un complexe à cause de ses seins. Il y en avait un qui était plus gros que l'autre.

– Pas possible ?

– En fait c'était parce que la glace de la salle de bains avait tendance à déformer.

– Pourquoi vous parlez de ça ? est intervenu Fabrice-Alain. Qui est-ce qui a roulé des pelles à qui ?

– Personne, j'ai fait, personne, c'est justement pour ça qu'on en parle. »

Dieu merci la cloche a sonné. On est remontés en cours. Par moments j'avais comme un coup de mou. C'est en reprenant mon bus le soir que j'ai eu l'idée. Au collège ça ne donnerait rien. Il fallait que je m'y prenne autrement. À faire l'imbécile dans la cour de récré je risquais de me discréditer totalement. Il était plus astucieux que je continue à me documenter tout en envisageant sérieusement de passer à l'action.

Et de toute façon personne n'avait vraiment l'air enclin – je veux dire du côté des filles du bahut – à m'aider dans mes recherches.

J'ai donc décidé de me créer une nouvelle identité. J'allais partir à la découverte de ce territoire étrange des relations filles-garçons muni, tel l'explorateur, d'une panoplie adaptée.

Je passai la soirée à me fabriquer ma « couverture ». D'abord changer de nom. J'optai pour Honoré. Honoré me semblait un patronyme plutôt sympa. Toutes les filles ont forcément lu Honoré de Balzac, c'est obligatoire au programme de français. J'avais d'abord songé à Arsène. À cause d'Arsène Lupin, mais Honoré me seyait mieux au teint ; ça faisait intello et tout ça. En plus Honoré était carrément original. J'ai modifié ma coupe de cheveux, je les ai carrément ébouriffés de façon à être méconnaissable, ainsi les filles que je rencontrerais ne pourraient pas m'identifier par la suite.

N'allez pas imaginer que j'avais la moindre intention malhonnête ou que se cachait à l'intérieur de moi quelque pulsion déguisée de *serial killer*, absolument pas, mais convenons-en, dans cette entreprise périlleuse, la prudence était de mise.

« Qu'est-ce que tu fabriques dans la salle de bains ? a braillé ma mère en rentrant. C'est toi qui as *Cosmo* ?

– Rien ! j'ai braillé moi aussi. Il est dans les toilettes, je l'ai pris pour le lire ce matin. »

Je l'ai entendue piailler à cause des taches de Nutella. Je me suis mis un peu de gel et j'ai agrémenté ma nouvelle personnalité d'une paire de lunettes en verre blanc qui traînait là et qui avait dû appartenir au psychanalyste. Je crois qu'il les mettait pour mieux observer ses patients, c'est ce qu'il m'avait dit un jour : « Ce n'est pas pour la vue, c'est pour l'esprit. En chaussant des lunettes je me donne des moyens supplémentaires de mieux comprendre les autres, c'est avant tout symbolique. »

« Pas mal, me suis-je murmuré en me regardant dans la glace. T'es pas mal, Honoré, reconnaissons-le. »

Sûr qu'elles allaient craquer : « Et vous faites donc une enquête sur le Prince Charmant ? Vous êtes parent avec lui peut-être ?

– Hum, cousin, oui, mais je n'en parle pas trop. Que diriez-vous si nous nous embrassions ? D'un point de vue scientifique j'entends. »

Je suis revenu à la réalité.

« Qu'est-il arrivé à tes cheveux ? a glapi ma mère en me voyant sortir de la salle de bains. Tu es horrible ! Qu'est-ce que c'est que ces mochetés de lunettes ? »

Nul n'est prophète en son pays, ai-je pensé en me couchant ce soir-là. Mais à cœur vaillant rien d'impossible. Restait à trouver un champ d'investigation pour donner libre cours à ma soif de découverte.

Le bus me sembla immédiatement un lieu propice. Pour me rendre au collège je devais l'emprunter tous les matins et ensuite prendre le métro. Pendant ce laps de temps – pas très important, environ une quarantaine de minutes – je croisais un certain nombre de filles de mon âge qui se rendaient dans d'autres établissements et étaient donc susceptibles de participer à mon projet.

De plus, aucun autre élève de ma connaissance ne suivait le même trajet. Nous avions déménagé depuis peu mais je n'avais pas changé de collège. J'avais donc la possibilité pendant presque une heure le matin et presque une heure le soir de mener incognito mon investigation.

Je n'allais pas m'en priver.

Affublé de mon déguisement j'attaquai dès le lendemain. Tout était prévu, y compris la possibilité de me dé-déguiser avant d'arriver au collège (les toilettes d'une brasserie proche feraient l'affaire, il me suffisait de descendre une station avant et de finir à pied). Les filles, me voilà, préparez vos réponses, Honoré va subtilement vous sonder.

Avouons-le, j'étais surexcité par ces préparatifs. Soyons fins les enfants, de la discrétion, du doigté ! Ressorts et rouages de l'âme féminine ne doivent plus comporter pour moi la moindre zone d'ombre. Et ainsi mes baisers fougueux fondront tels des bonbons Krema sur leur langue veloutée.

Ma première candidate se révéla être une fille, que je connaissais vaguement de vue et qui fut, je crois, légèrement surprise de découvrir mon nouveau visage – j'avais espéré que le changement serait suffisamment important pour que personne ne m'identifie mais force me fut de constater qu'il subsistait malgré les lunettes et le gel quelque chose de mon ancienne personnalité.

Je m'arrangeai pour m'asseoir face à elle. Elle ne broncha pas quand je lui écrasai volontairement l'orteil droit d'un pied décidé.

« Désolé, j'ai fait. Je crois que je vous ai écrasé l'orteil.

– C'est pas grave, je l'ai entendue murmurer.

– Si, si, je suis sûr que je vous ai fait mal.

– Non, non, je vous assure. »

Son filet de voix était quasiment inaudible. Dans le brouhaha du bus l'interview risquait d'être difficile.

« Comment vous appelez-vous ? Moi c'est Honoré.

– Delphine, a bredouillé mon interlocutrice, en rougissant violemment.

– Enchanté. Je fais actuellement une grande enquête pour une revue américaine concernant les relations buccales intersexes au sein des collèges et lycées.

– Ah ? c'est…

– Oui, c'est très intéressant. L'étude révèle des hiatus que même des scientifiques de haut niveau n'avaient pu percevoir. Il n'est d'ailleurs pas impossible que différentes marques de dentifrice essaient de saboter cette enquête. (Petit clin d'œil entendu.) J'aimerais beaucoup avoir une conversation plus poussée avec vous à ce sujet. Hors bus je veux dire...

– Je... c'est que... (Regard affolé.) Excusez-moi, mais je... c'est ma station. »

Je l'ai vue se lever, prise de panique, heurter la barre métallique, et se carapater vers les portes.

Mon enquête commence avec difficulté, ai-je noté, la première candidate a refusé de se soumettre au test.

Devais-je y voir un signe ?

Avais-je mal positionné mon approche ?

C'est envahi par le doute que je gagnai le collège en prenant soin de me dégrimer promptement dans les toilettes d'une brasserie.

Tous les commencements sont difficiles, me dis-je, ne nous décourageons pas.

« C'est dingue, m'accueillit une fille de ma classe (pas une candidate possible, je la connaissais depuis la maternelle ou presque), j'ai vu quelqu'un qui passait dans le bus, il te ressemblait comme deux gouttes d'eau, sauf qu'il avait des lunettes.

– Ah, j'ai fait, me rendant brusquement compte que ça ne devait pas être de la tarte d'être agent secret. T'es sûre ?

– Ça craint, dis donc, fit remarquer Félicien. Si jamais il se fait passer pour toi et se met à draguer des gonzesses, tu peux te retrouver dans des situations embarrassantes.

– C'est vrai, a enchaîné Théophile, une sucrerie dans la bouche. Il y a même un film avec un acteur célèbre comme ça, quelqu'un se fait passer pour lui et fait plein de conneries. Après c'est lui qui a tous les emmerdes.

– Par exemple s'il se met à vendre du bédo et que c'est toi qui vas en prison.

– Attends, dans ce cas ils font un test d'empreintes, ce sera pas ses empreintes sur le bédo, ce sera celles de l'autre.

– Ah bon ? Il vendait du bédo celui qui te ressemblait dans le bus ?

– Comment ça ? j'ai dit, perdant moi-même un peu le fil de qui était vraiment qui. Non, je ne crois pas. »

Nous sommes retournés en cours. J'hésitais encore une fois à faire part de mes préoccupations à mes camarades, car, avouons-le, je n'étais pas certain qu'ils soient à ce niveau de questionnement existentiel. Non, il me fallait défricher moi-même cette *terra incognita* qui se profilait devant mon regard étonné. Les filles détenaient un secret. C'était évident.

Je passai la journée à m'interroger. Que s'était-il passé exactement avec mon premier cobaye ? Une crise de timidité ? Un manque de confiance en elle ? Pourquoi s'était-elle enfuie ? Les lunettes peut-être ? Ou j'avais mis trop de gel ? Ça devait être ça. Trop de gel. Le gel est l'ennemi du sondeur de filles.

« Tu penses que mélanger sa salive avec une fille est quelque chose de significatif ? je me suis enquis auprès d'Akim-Mathieu, le redoublant. C'est ça le moteur ? Il y a une substance dedans et quand on les mêle ça fait comme de la nitroglycérine ?

– Non, a répondu catégoriquement mon interlocuteur (qui avait une connaissance du terrain plus approfondie, *cf.* la boum de fin d'année de Julie Marchand). C'est une question de géométrie. C'est parce que ça s'emboîte.

– Ah, j'ai fait, n'ayant pas envisagé la question exactement en ces termes. C'est-à-dire ?

– C'est comme les meubles à monter soi-même. D'abord tu mets la première vis, ensuite tu mets le reste.

– Hum, hum, effectivement, dans ce cas c'est très bien conçu. »

Nous en revenions toujours au même point. Il fallait un mode d'emploi. Sans mode d'emploi – je le savais pour avoir passé un certain nombre d'heures avec ma mère à monter des meubles Ikea – même la première vis était dure à mettre. C'était d'ailleurs une des caractéristiques de l'opération : après avoir monté les trois quarts du machin on s'apercevait que justement la première vis n'avait pas été mise au bon endroit.

Ensuite tout s'emboîtait naturellement...

Hum. À vérifier. Et d'abord comment s'emboîtait-on ? Partant de l'hypothèse que la langue était bien la première prise de contact, que faisait-on ensuite ? Quels boulons devait-on ajuster ? Et la main était-elle l'équivalent de la petite clé fournie avec les accessoires qui régulièrement manquait dans le sachet en plastique ? Pouvait-on téléphoner au fournisseur ? Y avait-il une garantie ? Chez Ikea ils étaient superhonnêtes. Si le truc n'allait pas ils vous le changeaient à condition qu'on le rapporte tout de suite. Mais pour ce qui est du sujet qui me préoccupait, c'est-à-dire un échange philosophique de fond avec quelqu'un qui portait des soutiens-gorge, qu'en était-il ? *Quid* de la garantie ? Et avec ma petite clé, que devais-je faire ? Des chatouilles ?

N'allez pas penser cependant que j'étais la dernière des nouilles et que j'ignorais totalement ce que l'on pouvait fabriquer en compagnie d'une fille. Je n'étais pas stupide. Simplement, il y avait de la marge entre imaginer vaguement quelque chose, ou savoir vaguement quelque chose, et le mettre en pratique.

Par exemple nous avions tous eu une séance l'année précédente sur l'utilisation d'un préservatif. Je suppose que vous, vous avez déjà utilisé un préservatif. Vu de loin ça semblait quand même curieux.

« Tiens, a fait remarquer ma mère le soir, tu n'as plus ton horrible coiffure et tes lunettes.

– C'est provisoire, j'ai répondu, en ce moment je me livre à des expériences scientifiques sur les meubles Ikea. C'est pour ça que je suis obligé de mettre des lunettes.

– Formidable, a dit ma mère, si tu pouvais venir m'aider à préparer le dîner ce serait tout aussi bien.

– Qu'est-ce que tu penserais de quelqu'un qui comparerait les êtres humains à des meubles ?

– Je penserais qu'il est complètement idiot, a-t-elle répondu. Ou alors qu'il a des problèmes.

– Je veux dire, c'est juste une image analogique, une manière de faire parler l'inconscient, j'ai tenté. Par exemple toi tu peux être un fauteuil et Jean-Paul le canapé. (Jean-Paul était justement le dernier copain de ma mère, le psy, de qui elle était séparée.) Qu'est-ce qui se passe quand fauteuil parle avec canapé ? »

Ma mère a soudain pris un air très las.

« Tu ne veux pas arrêter de me parler de psychanalyse ? elle a fait. D'abord ce que tu racontes n'a aucun sens, les fauteuils ne discutent pas avec les canapés, et en plus je n'ai aucune envie de parler de Jean-Paul, la psychanalyse j'ai arrêté pour l'instant. »

Vivre avec une mère célibataire qui vient de se faire plaquer a des côtés un peu chiants. Lui faire part de mes recherches ne me mènerait à rien. C'est une des caractéristiques de l'éducation je suppose. Parler des relations fauteuil-canapé avec ses parents est prohibé. Parents ≠ enfants. Je décidai donc de ne pas associer ma mère aux résultats de mes cogitations. Mieux valait travailler dans le plus grand secret.

Dès le lendemain je repartais à l'assaut. Cette fois je pris le parti d'agir avec plus de subtilité. La fille que j'abordai – je la connaissais aussi de vue, nous prenions souvent le même bus – en fut la première surprise.

« Mon cousin m'a beaucoup parlé de vous, il n'arrête pas de me dire qu'il y a une fille vraiment terrible et qui doit être superintelligente qui prend le bus avec lui de temps en temps. D'après la description qu'il m'en a faite je suis quasiment sûr que c'est vous. Je me trompe ? »

La fille m'a fixé l'air d'abord incrédule, puis elle s'est attardée sur mes cheveux et mes lunettes (j'avais un peu forcé sur le gel et les lunettes n'étaient pas vraiment à ma taille) et son regard s'est transformé en quelque chose d'étrange, quelque chose comme... comme le regard que l'on porterait sur un dément.

« Je... elle a bafouillé, votre...

– Oui, cousin. Nous nous ressemblons beaucoup. Certains nous prennent même pour des frères. Honoré, enchanté !

– Caroline, elle a répondu, visiblement ni tout à fait convaincue, ni tout à fait à l'aise.

– Je travaille actuellement sur un grand dossier pour *Trop-Pas*, le magazine qui se la pète pas, le news des dix-quinze qui déchire.Vous en avez entendu parler ?

– Non.

– Normal, on en est juste aux premiers balbutiements. Je pense que dans quelques mois tous les collèges et lycées seront couverts.

– Ah.

– On essaie d'être à la fois scientifiques et dans le vif du sujet. Vous voyez ce que je veux dire ? »

J'ai tenté un clin d'œil, un peu à la Colombo, histoire de lui faire comprendre qu'il y avait un second degré. Avec les lunettes je n'étais pas tout à fait sûr de l'effet.

« ...

– C'est passionnant, parce qu'on rencontre des tas de gens extraordinaires. Vous par exemple. Mon cousin ne m'avait pas menti, c'est vrai que vous avez l'air superintéressante. Vous êtes même une candidate idéale pour mon enquête. »

Cette fois elle n'a pas fait exactement « Ah », elle a fait « Hon ». J'ai continué sur ma lancée. Je me demande si dans le fond je n'étais pas *trop* impressionnant. Le fait de se retrouver d'un seul coup sous les projecteurs devait avoir quelque chose d'intimidant.

« Et en quoi consiste cette enquête, alliez-vous me demander ? C'est assez simple. Il suffit de répondre à quelques questions. Par exemple quel genre de meuble êtes-vous ? Et comment réagissez-vous à certaines situations ? Supposons que vous soyez, je ne sais pas, moi, un canapé, et que de mon côté je sois, disons… un polochon. Bien sûr le polochon n'est pas vraiment un meuble, en même temps vous voyez ce que je veux dire ?

– Pas vraiment, elle a dit (et j'ai cru déceler dans sa voix une certaine sécheresse). Excusez-moi je descends ici !

– Ça déchire, non ? j'ai quand même tenté, ce sont des enquêtes à base d'exemples de la vie quotidienne, ça fait un tabac dans plein de lycées superbranchés… je veux dire on est en tête du box-office côté sachets en plastique, c'est juste une question de… »

Ma voix s'est perdue dans le brouhaha du bus. J'avais un peu mal au nez à cause des lunettes.

Honoré mon vieux, je me suis dit, on progresse. On n'a pas encore toutes les réponses à nos questions mais le poisson commence à mordre.

Un autre que moi se serait peut-être découragé devant le manque d'intérêt manifesté par mes deux premières rencontres, mais c'était mal connaître l'optimisme sans faille avec lequel j'avais abordé le parcours d'obstacles.

De plus je n'étais pas sans savoir – lecture de *Cosmo* oblige – qu'entre l'extérieur « apparent » et l'intérieur « psychologique » il y avait souvent une certaine... disons différence.

Nous n'avions pas encore parlé du « fantasme ». Le fantasme tenait apparemment une grande place dans la vie trépidante des filles.

Elles aimaient bien « fantasmer ».

Et quoi de plus génial que fantasmer sur un support réel ?

Certes habituellement c'était sur le Prince Charmant, mais, elles le savaient toutes, le Prince Charmant pouvait se cacher sous de multiples déguisements.

Y compris derrière celui d'un « cheveux coiffés au gel / lunettes trop grandes ». Il était évident que Caroline, comme Delphine, avait maintenant un sujet de réflexion – et non des moindres – quant aux possibilités offertes par un voyage en autobus. Patience, patience ! L'idée allait faire son chemin. C'était obligatoire. « J'ai rencontré un inconnu dans le train » et « Mon voisin me fait triper » et « Que diriez-vous si quelqu'un vous accostait sans crier gare », etc.

Nous étions dans le cœur de cible. Pile dans la stratégie *ad hoc.* Dès qu'elles comprendraient à qui elles avaient réellement affaire ce serait la ruée. Du calme les filles, oui c'est bien moi, mais j'ai été obligé de me déguiser, sinon c'était l'émeute, ne vous inquiétez pas, j'interviewerai tout le monde.

Il suffisait juste d'attendre.

Cette fois, j'ai retiré mes lunettes avant de descendre du bus, et j'ai mis un bonnet jusqu'à la brasserie où j'ai enlevé mon gel tant bien que mal.

« Faudrait voir à pas abuser des toilettes, m'a lancé la patronne en me reconnaissant. C'est réservé aux consommateurs.

– Presse ! j'ai clamé. Vous serez cités dans mon article ! »

J'avais cours de français. Le prof tenait absolument à ce que nous lisions *L'Attrape-cœur* de Salinger. Je ne sais pas si vous avez déjà lu *L'Attrape-cœur*, mais c'est l'histoire d'un gars qui part plus ou moins à la dérive en séchant le bahut tout en pensant à sa petite copine et en fait il ne se passe pas vraiment grand-chose mais c'est vrai que le bouquin est pas mal, ça tient je pense au style, d'ailleurs le prof de français a insisté à plusieurs reprises sur ce point, le style, comme quoi sans style tout est différent, et que le style fait le bonhomme. Ce qui m'a immédiatement ramené à mes préoccupations du moment, à savoir : et moi-même, avais-je suffisamment de style ? Je veux dire d'un point de vue contact philosophique. D'autre part le style était-ce la même chose que le charme ? Non, c'était un peu différent, mais l'un entraînait l'autre. C'était plus facile d'avoir du charme lorsqu'on avait du style que lorsqu'on n'en avait pas. Je parle du vrai style, pas du crétin s'exclamant : « Putain, stylé ton jean, trop canon ta raie du cul avec le string qui dépasse. »

Est-ce que style ne venait pas de stylo ? Certainement. Avoir toujours un stylo à la main me semblait soudain aller de soi. Gel, lunettes *et* stylo.

« Oui, j'écris pour *Trop-Pas*, le magazine qui se la pète pas. Tu permets que je te pose quelques questions disons... un peu perso ? »

Oui, genre action-vérité, c'est exactement ça. Du reste c'est comme ça qu'allait s'appeler ma rubrique : Action-Vérité.

Oh nom d'un chien, j'ai bondi intérieurement. Ça y est. La Lumière est là. Oui mes chers frères, Dieu en personne me parle et vient de m'indiquer la marche à suivre. Une enquête, oui, mais une *vraie* enquête. Du sûr de sûr. Je tiens un stylo à la main et je note. Prenons un exemple : « Delphine, est-ce que le bout de ta langue serait capable de venir rencontrer la langue d'un garçon et si oui, pourquoi ? Attends, tu permets, je prends quelques notes. Oui, ensuite je retravaille, notamment le style. »

La bluffer deux cents pour cent. Tout en restant rigoureusement impassible. Très pro en fait. Juste un léger… une très légère ouverture. « Oui, on peut se revoir en dehors des heures de boulot, *why not* ? »

« Alors, m'a demandé Félicien, tu progresses dans ton enquête ?

– Un peu, j'ai fait. Pour l'instant ce n'est pas encore suffisamment concluant mais je commence à y voir plus clair. Il y a manifestement un principe de symétrie non symétrique qui permet un assemblage. En revanche du point de vue de la motivation je n'ai pas encore vraiment d'indices. Pas exclu qu'il s'agisse d'une sorte de truc comme la gravitation.

– Mais qui serait l'étoile et qui serait la planète ? – Mohamed, soupesant les implications politique de la chose.

– Tu veux dire qui attirerait l'autre ? – Séb, pragmatique.

– Le plus gros ? a tenté Théo, sortant brusquement de sa torpeur.

– Ça tient pas ton truc, a contré Mathieu-Akim, pour que la gravitation fonctionne il faut que ça tourne, c'est le prof de physique qui nous l'a expliqué.

– C'est peut-être pour ça qu'il y a la danse ? a émis Aristide. Les slows par exemple, ou la lambaba...

– Les filles auraient alors une espèce d'aimant qui se déclencherait tandis qu'elles feraient certains mouvements ? – Benoît, comprenant soudain les secrets de la vie.

– En tout cas ça expliquerait beaucoup de choses, a enchaîné Marc-Fabien, songeur. C'est peut-être pour cela qu'elle se mettent un percing dans le nombril... »

Je suis rentré ce soir-là plutôt content de moi, d'autant que par un hasard incroyable je suis retombé sur Caroline, ma candidate du matin.

« Salut, j'ai souri, plein d'entrain, je suis toujours superchaud sur mon enquête, je vais prendre quelques notes si ça ne t'ennuie pas. »

Le seul problème c'est que j'avais complètement oublié de revêtir mon déguisement, ce qui fait qu'elle m'a regardé avec un air ahuri, ne sachant vraisemblablement pas quoi penser. Étais-je un imposteur, avait-elle la berlue ?

Du coup j'ai moi-même perdu pied, je me suis mis à rougir, et j'ai essayé d'expliquer que j'avais perdu mes lunettes et que je n'étais pas mon cousin, mais là ça sonnait vraiment bizarre, alors pour finir je suis resté sans rien dire, assez gêné, alors qu'une grosse dame assise à côté de nous téléphonait bruyamment.

« Salut, j'ai quand même ajouté avant de descendre, c'est... je veux dire je te mets un numéro de côté, c'est... website, quoi, journal sur le Net. *Trop-pas.com*, enfin je veux dire pas encore vraiment en ligne mais ça ne devrait plus tarder... »

Le bus a redémarré. Je n'étais même pas certain qu'elle m'ait répondu. J'ai juste cru comprendre deux mots apparus sur ses lèvres d'une façon un peu… oui, disons-le, méprisante : « Pauvre mytho ! »

Pauvre mytho !

Oh mes frères, vous qui avez également marché sur le long chemin de l'existence en espérant quelques gâteaux de miel, sachez qu'il est très déplaisant de se prendre ce qu'on appelle une veste. J'avais… mon Dieu, oui, j'avais été à côté de la plaque. Je m'étais emballé, et pris dans le feu de l'action j'en avais oublié l'essentiel : mon déguisement.

Cependant, plutôt que de me morfondre en me lamentant sur ma bourde, je décidai le soir même de créer ma page Web. *Trop-Pas*, le Webzine qui vous prend trop-pas la tête était né.

Un usage intelligent des technologies modernes

« T'as fini avec Internet ? m'a demandé ma mère. Je voudrais lire mes mails.

– Pas possible, j'ai dit, je suis en bouclage, tout le monde est sur le gril en train d'attendre que ça parte. »

Le lendemain j'ai bombardé le collège de flyers que j'avais scannés. « Enfin un souffle neuf dans la presse pour les jeunes », j'ai beuglé à la cantonade. « De l'inédit et du scoop. Bientôt un grand dossier sur la sexualité des meubles. *Trop-pas.com*, le site qui déchire tout. »

J'avais fait une présentation qui tue vraiment et tout, avec un superlogo bricolé avec le logiciel *ad hoc* : *Trop-Pas* en gros, un lettrage de la mort et le logo en dessous.

« Oh mes chers frères, mais aussi mes sœurs, enfin un véritable forum d'étude sur nous-mêmes !

Les mystères de l'aimant magique lambadénien enfin révélés à vos esprits éblouis !

Discutons, partageons, oui, vous qui avez tant de mal à comprendre le mode d'emploi du montage de meubles. Qu'en pensez-vous ? N'hésitez pas à donner votre point de vue, et laissez-moi votre e-mail perso de façon que je puisse vous répondre. »

J'avais signé les articles des noms d'Honoré, de Fred et de Mourad.

« Un truc énorme, j'ai continué à brailler après la cantine. Site de folie. *Trop-Pas* explose tout. Déjà des milliers de connectés.

– Ah, a fait Théo, et on peut gagner des voyages ?

– Comment ça ? j'ai sursauté, légèrement déconcerté.

– Oui, a dit Benoît. Sur les sites tu peux gagner des trucs, sinon c'est pas des vrais sites.

– Là c'est un site de recherche, je me suis défendu. On travaille pour l'amour et la beauté. C'est métaphysique avant tout.

– Oui, mais même, a contré Mathieu-Akim. Si tu veux que ça branche des filles il faut que tu proposes un truc, des produits de maquillage, ou des teintures pour les cheveux. Les teintures pour les cheveux c'est sûr que ça marche. Elles se font toutes une teinture au moins une fois. En tout cas c'est une bonne idée, et si tu leur donnes rendez-vous, je viens avec toi. »

Nous nous égarions. Je ne tenais pas du tout à ce que Mathieu-Akim intervienne dans mes connexions Internet avec des produits de beauté. Encore moins à ce qu'il m'accompagne à d'éventuels rendez-vous.

« Et si on en fabriquait ? a proposé Félicien.

– Si on fabriquait quoi ? j'ai demandé, cette fois plus du tout au fait de ce qui se passait.

– Des produits de beauté. De la crème pour la peau par exemple. Avec des carottes. Ma cousine arrêtait pas de s'en mettre aux dernières vacances. On avait acheté des carottes en promo chez Leclerc. Un grand sac de dix kilos. Elle a tout fini en une semaine.

– Non, c'est pas avec des carottes, c'est avec du concombre.

– Oui, mais la carotte ça marche aussi et c'est moins cher si tu les achètes en promo. Tu t'en mets plein avec du miel en les broyant d'abord dans un seau, mais il faut enlever les épluchures sinon ça peut donner des boutons.

– Si après elles ont des boutons ça craint.

– Cela dit, on peut proposer aussi une crème pour les boutons.

– Oui, mais le meilleur remède pour les boutons c'est justement d'avoir une copine, c'est mon frère qui l'a dit. Depuis qu'il a une copine il a plus de boutons.

– J'y suis, j'ai fait, reprenant le contrôle des débats. Vous avez raison, ô mes frères. Ce qu'il faut c'est parler le langage de la nature. Halte à l'acné. Retour à la vie saine. “Participez au stage de thérapie dermique organisé par le site *trop-pas.com*. Faites de la philosophie tout en embellissant.” C'est ça le cadeau ! »

Je voyais parfaitement le truc. Un endroit subtilement décoré avec mes flyers. Le seau de carottes broyées et moi distribuant les questionnaires. « Sais-tu ma chère sœur que les chimpanzés s'offrent des fleurs ? Que dirais-tu de me parler un peu de ton point de vue sur les questions fondamentales de symétrie ? Quel rapport entre les chimpanzés et la symétrie ? Enfin voyons, c'est évident. Autour de nous la nature nous parle. Regarde ces papillons, ils font des bisous aux fleurs... »

Je commençais à prendre sacrément confiance en mes talents d'entrepreneur. Cependant, la question fondamentale, celle qui avait motivé toute cette aventure, restait encore sans réponse. Que se passait-il exactement lorsque l'appendice buccal A rencontrait l'appendice buccal B ? Y avait-il dans chaque microparticule de salive des électroaimants reliés à un aimant central situé plus bas, dans une autre partie du corps ? Pour activer ces électroaimants fallait-il se badigeonner la peau avec une crème carottée ? Eh oui mes chers frères, reconnaissons-le, d'un certain point de vue je brûlais, mais d'un autre l'enquête piétinait.

Dans le bus du retour je suis tombé sur Caroline, accompagnée d'une copine. Je l'ai vue la pousser du coude et ses lèvres former la phrase fatidique : « C'est lui, c'est le mytho qui avait un truc bizarre sur la tête le matin et plus le soir. »

Je l'ai immédiatement remise à sa place. « *Ave*, mes chères sœurs. Que Toutatis vous porte chance et que le ciel soit clément avec vous. Savez-vous que *trop-pas.com* va organiser une mégateuf juste histoire de vous faire ressentir l'appel des étoiles ? »

Caroline n'a rien dit, elle s'est seulement permis une petite moue pincée genre « Ah oui, c'est ça, et on est obligés de mettre des lunettes trop grandes et de la confiture gluante sur ses tifs ? » Mais sa copine a réagi, d'autant que je sortais un de mes flyers et que je le lui collais dans la main.

« Stylé, a dit Copine de Caroline. C'est ton Webzine ?

– Parfaitement, ô ma sœur, et je t'invite à t'y rendre de manière à mieux sonder les mystères profonds qui nous régissent.

– Tu parles toujours comme ça ? elle a demandé. Ou c'est juste quand tu rencontres des filles dans un bus ? »

Caroline a gloussé, comme si l'autre se foutait de ma gueule.

« Comment tu t'appelles ? j'ai demandé, pas plus déstabilisé que ça. Moi c'est Arthur. Et mon pseudo c'est Honoré.

– Violette, elle a répondu en souriant. (Elle a examiné les flyers.) C'est marrant, au moins c'est original, elle a admis. Et alors c'est quoi l'actu sur *trop-pas.com* ?

– Grande enquête, j'ai fait, savourant tranquillement mon triomphe. "Filles-Garçons, le grand mystère." Des dizaines d'interviews chocs. Enfin la vérité sur les aimants magiques. Possibilité de gagner un gadget formidable à la carotte.

– Ça a l'air bien.

– *C'est* bien, j'ai opiné. Des heures de labeur, ma sœur, de l'huile de coude et du gin-gin surboosté. Pas question de passer à côté de l'énigme. Enfin je veux dire, ça ne vous a jamais traversé l'esprit d'essayer de comprendre pourquoi vous aviez envie d'embrasser un garçon ? »

Là, je jouais gros. Elles pouvaient se braquer, Caroline-méfiante pouvait reprendre le pas sur Violette-curieuse.

« Si, a reconnu Violette. C'est exactement ce que je disais à Caroline. Pourquoi est-ce que t'as envie de rouler une pelle à Fabien ? Moi je trouve qu'il est moche. »

La conversation ne prenait pas exactement le tour scientifique que j'aurais souhaité, j'ai néanmoins profité de l'ouverture.

« Caroline, quelques mots pour *trop-pas.com*. Comment était-ce ? Est-ce que c'était de la balle ou plutôt moyen ? Avez-vous ressenti quelque chose de particulier au contact de sa salive ? Une sensation électrique ? Un petit picotement ? »

Caroline a piqué un fard.

« Je... c'est...

– Une émotion extrême ? Étiez-vous à cet instant connectée à vos sentiments ou était-ce purement physique ?

– ...

– Tu m'as dit que c'était hyperphysique entre Fabien et toi.

– Vous confirmez, Caroline ?

– ... »

Là, deux possibilités : soit elle se vexe et passe pour une Pas-Rigolote, soit elle prend ça à la blague. Comme de toute façon si c'est une Pas-Rigolote elle n'a aucun intérêt, je n'ai strictement rien à perdre.

De la psychologie ! Freud n'est pas venu en ce bas monde pour des prunes.

« Oui, enfin je veux dire (rire mi-gêné, mi-amusé)… c'est vraiment pour un sondage ?

– Affirmatif ma sœur. Il est temps de lever le voile sur les rouages secrets qui nous animent.

– Pourquoi tu fais ça ? a demandé Violette. C'est vraiment par curiosité scientifique ?

– Plus ou moins, j'ai reconnu. J'ai jamais embrassé de fille. Je veux savoir le pourquoi du comment avant de me lancer.

– T'as jamais embrassé une fille ? »

Stupéfaction des deux : « Ah bon ? Mais comment ça se fait ? »

« Position personnelle, j'ai affirmé. Choix philosophique. Je veux comprendre avant d'apprendre.

– Et tu penses que tu vas continuer ton enquête encore longtemps ? a voulu savoir Violette.

– Ça dépend un peu de toi, ô ma sœur. Si je rencontre une âme charitable pour mener à bien mes interviews, peut-être pas aussi longtemps que ça. »

Nous nous sommes séparés avec nos e-mails respectifs dans la poche. J'ai foncé à la maison mettre en ligne le numéro 2. Pas question de passer deux fois pour un charlot.

« Chaud devant, j'ai prévenu ma mère. Afflux massif d'internautes. Serveur en ébullition. J'ai été obligé d'embaucher. »

Cette Violette me plaisait bien. Elle avait l'air marrante. Est-ce que c'était ça le charme ? Est-ce que ça préfigurait les électroaimants dans la salive ? Est-ce que ça fonctionnait comme la pub ? D'abord l'affiche et le slogan, de manière à entrer dans le champ magnétique, l'intention d'achat, et ensuite hop, lorsqu'on était suffisamment près les aimants se mettaient en marche, et tac : l'acte d'achat.

Sauf qu'une fille n'était ni un objet ni un bien consommable. Tout le truc était là. C'était plus complexe, je le sentais. Il se passait quelque chose de primordial entre le point A et le point B. Une minuscule mutation devait s'opérer. En plus des électroaimants il y avait d'autres mécanismes secrets. La position du corps ? La façon dont les mains se posent sur l'autre ? Et les pieds ? Tout était peut-être dans les pieds. Les électroaimants activaient une fréquence spéciale qui résonnait sur le sol de la planète et remontait de la plante des pieds jusqu'au sommet de la tête. On trouvait cela dans tous les récits bien documentés sur le hula-hoop filles-garçons : le frisson.

J'ai expliqué le fruit de mes cogitations à Violette le samedi suivant. Après un échange d'e-mails nous étions convenus de nous retrouver devant l'arrêt de bus juste à côté de chez elle (celui-là même où elle était descendue avec Caroline), de façon à poursuivre l'enquête. Elle était d'accord pour me donner un coup de main. L'idée d'un cinéma ensuite était vaguement à l'ordre du jour. Cela dépendrait de quelle manière nous aurions progressé dans la résolution de notre énigme.

« Le truc, j'ai pontifié, c'est la curiosité. Savoir ce qui se passe derrière le rideau de la cabine d'essayage. Comment se fait-il que jean s'accorde avec blouson ? Et qu'est-ce qui est préférable : fermeture Éclair ou boutons ? Tout a un sens ma sœur. Encore faut-il trouver lequel.

– Et quand tu auras tout compris, tu comptes embrasser une fille ?

– Vraisemblablement. Statistiquement il est assez rare qu'un garçon n'embrasse pas une fille. Pas la peine de se presser trop. Par contre une fois que je l'aurai fait je n'aurai peut-être pas assez de recul pour vraiment étudier les mystères du truc.

– Moi aussi, j'aime bien étudier comment les gens fonctionnent. Ça m'a toujours plu.

– Ah, j'ai dit, pour une fois étonné. Tu t'intéresses aussi à la philosophie expérimentale ? T'as un Webzine ?

– Non, je suis voyante.

– Voyante ? Comment ça voyante ?

– Oui, c'est un don. Ma grand-mère et ma mère aussi.

– Voyante avec une boule de cristal ?

– Pas forcément, il y a plein de manières de le faire.

– Mais tu vois quoi ? j'ai demandé, vraiment très surpris et en même temps sur mes gardes, car je sentais mes électro-aimants en pleine réaction.

– C'est dur à expliquer, c'est des sensations. Ça peut être des visions, mais pas toujours. C'est... je peux pas te dire. C'est parce que j'observe les gens.

– Hum, j'ai cogité, ne perdant pas le nord. Tu ouvres des perspectives : *trop-pas.com*, le website voyant. Ça peut le faire... C'est même un plus pour nos interviews. »

Nous avons donc attaqué l'après-midi avec ce programme : décrypter les hiéroglyphes amoureux de nos contemporains. Nous sommes allés au Jardin des Plantes, d'abord parce que ça faisait sérieux, ensuite parce que tout cet environnement « Ici on connaît la nature » me semblait propice à des analogies pertinentes.

Chemin faisant nous avons fait un peu plus connaissance.

Sa grand-mère était réellement voyante, avec tarots, boule de cristal et tout le bazar, et même une clientèle qui lui était fidèle. Sa mère en revanche travaillait dans une entreprise de vente par correspondance. Ce que j'ai tout de suite apprécié c'est qu'elle comprenait parfaitement ma démarche.

« Je suis tout à fait d'accord avec toi, elle a dit. Moi aussi je préfère avoir saisi tous les rouages avant de me lancer. »

Je lui ai fait part de ma remarque concernant le Prince Charmant. Elle a admis que c'était assez fréquent chez les filles.

« Mais toi tu vois ça comment ? C'est un peu comme une maladie, ou alors c'est un truc nécessaire à votre développement ? Croire au Prince Charmant ça vous fait pousser les seins ? Il y a un rapport psycho-hormonal entre votre croissance et l'adhésion au mythe ?

– T'es con, elle a dit, toutes les filles ne sont pas comme ça. Moi je viens d'une famille de femmes.

– Tu veux dire que ta mère et ta grand-mère t'ont eue sans relation avec un homme ? Tu es un esprit saint ?

– Non. Juste que ma mère est divorcée.

– Ma mère aussi. Mais moi je ne suis pas voyant.

– Non, tu fais de la philosophie.

– N'exagérons rien. Un peu de recherche existentielle, rien de plus. »

Elle n'a pas répondu. On a marché un peu. Je me sentais bien à côté d'elle.

« On travaille en deux temps, j'ai proposé, moi je pose les questions, et toi tu lis leur aura pendant ce temps-là.

– Comment tu sais que je peux lire les auras ?

– Les voyantes ça lit les auras, tout le monde le sait.

– Et une fois que je l'ai lue, je te fais un compte rendu ?

– Par exemple. »

La première chose que l'on a vue c'est un couple en train de s'embrasser.

« Bingo ! j'ai dit. Fonçons, voilà des candidats ! Que dit ton intuition ô ma sœur ? Sont-ils sondables ? »

Le couple (un peu plus vieux que nous, peut-être de deux ou trois ans) était en train de se rouler des pelles à s'en étouffer.

« Excusez-moi, et excusez ma compagne ci-devant avec moi-même dans des pérégrinations scientifiques. Nous faisons une enquête sur la vie amoureuse des abeilles et nous aimerions connaître votre point de vue. Avez-vous déjà eu l'impression de butiner une fleur en vous embrassant ? »

Le garçon m'a regardé d'un air ahuri. J'ai halluciné un bref instant parce qu'il ressemblait à Mathieu-Akim, mais en fait ce n'était pas lui.

« Si j'ai eu l'impression de faire quoi en faisant quoi ?

– Salive + langue, ô mon frère. Cela n'est-il point comme miel ?

– Si, a reconnu la fille. Moi ça me le fait un peu.

– Très sucré ou moyen sucré ?

– Hum, a fait le garçon. C'est un peu sucré au début, mais après c'est aussi un peu salé.

– Et est-ce que tu crois au Prince Charmant ? a demandé Violette à la fille. C'est pour nos statistiques.

– Heu, a dit la fille. Un peu, oui. Toutes les filles y croient, non ?

– Merci, ô frères humains, j'ai conclu. Nous vous laissons à vos activités. Que la paix vous accompagne. »

J'avais besoin de digérer ces nouvelles informations. Sucré d'abord, un peu salé ensuite, l'affaire se corsait. Le sucré-salé était-il complémentaire du système d'aimants ? Y avait-il un rapport avec les seins et l'allaitement maternel ? D'après l'ancien petit ami de ma mère, un grand nombre d'hommes n'avaient pas résolu ce problème et voyaient dans chaque poitrine un biberon. Quel rapport avec le sucré-salé ? Y en avait-il un ? Avait-on besoin de sentir d'abord le parfum de la confiture et du Nesquik avant de plonger dans le magret de canard-pommes de terre au lard ? L'amour finalement n'était-il de part et d'autre qu'un vaste malentendu ? Un mélange de conte pour enfants et de gastronomie ? Voilà, mes chers frères, qui méritait réflexion. Je m'en ouvris à ma collaboratrice. Elle convint avec moi que tout cela était plutôt coton.

« Et sinon, la vision du tréfonds de leur âme a donné quoi ?

– Elle est amoureuse et lui n'en a rien à foutre. Il a juste envie de la sauter.

– Mince, j'ai fait. T'es sûre ?

– Cent pour cent. La bordure de son aura à elle était rose bonbon, et j'ai vu des cœurs, alors que lui c'est comme s'il avait un préservatif coincé derrière l'oreille.

– C'est comme ça que tu vois ?

– Ça dépend. Mais souvent tu as une image symbolique qui synthétise la réponse à la question que tu poses. Le problème c'est d'arriver à l'interpréter.

– Je crains que ton interprétation ne soit juste, ô ma sœur. J'ai moi-même une fraction de seconde confondu le protagoniste mâle de cet accouplement de langues avec un ami à moi qui épouse volontiers ce genre d'état d'esprit. C'est certainement un indice corroborant.

– En tout cas, elle a fait, je trouve ça superintéressant.

– Moi aussi, j'ai approuvé. Je commence à être vraiment de plus en plus curieux d'explorer moi-même cette région de notre humanité.

– Tu penses que tu vas le faire avec qui ? a demandé Violette.

– Pourquoi tu dis ça ? j'ai sursauté. J'ai un préservatif derrière l'oreille ?

– Mais non, elle a rigolé. C'était pour les statistiques. Ça fait une personne en plus.

– Tu as raison. On n'a qu'à s'interviewer mutuellement, ça fera plus de points de vue. »

De la difficulté de rester objectif au cours d'une enquête in vivo

C'est donc ce que nous avons fait, ô mes frères. Nous avons marché dans le Jardin des Plantes jusqu'aux serres dans le fond – dont la végétation est tellement touffue qu'on a l'impression d'être dans une jungle – en nous interviewant, et cette interview était semblable... hum, voyons, à quelque chose d'un peu enivrant, à tel point que j'ai fini par le faire remarquer.

« Je ne sais pas si c'est pareil pour toi, mais je sens qu'il se passe quelque chose du côté de mes électroaimants.

– Ah, elle a souri. À quel endroit ?

– Un peu partout. Dans la poitrine pas mal. Ça donne quoi niveau aura ?

– Légèrement mauve.

– C'est bien ou pas ?

– Comme du mauve. Ça veut dire que t'es un peu ému.

– Tu crois ? C'est peut-être juste que je suis concentré.

– Non, concentré intellectuellement ce n'est pas le même genre de couleur, je le vois en classe. Ceux qui sont concentrés ont quelque chose de spécial. Comme si leur intelligence devenait plus vive.

– Et toi, tu penses que tu vas encore attendre longtemps ?

– Pour quoi exactement ?

– Pour embrasser un garçon ! Je veux dire est-ce que tu penses que c'est une expérience décisive dans ta vie ?

– Je sais pas. Je l'ai déjà fait mais j'étais petite.

– Ah, j'ai répondu, un peu scié.

– Oui, mais je ne savais pas qu'il fallait mettre la langue. Sinon non, je l'ai jamais vraiment fait.

– Pourquoi ? T'as peur de perdre tes superpouvoirs ?

– T'es con, elle a rigolé, ça n'a rien à voir. C'est juste que quand ton esprit est parasité par des sentiments ça risque d'interférer avec ce que tu vois.

– Et du côté de tes électroaimants ça donne quoi ?

– Une légère agitation, elle a reconnu. Comme des petits tressautements.

– Il fait de plus en plus chaud, ma sœur, je suppose que c'est cette ambiance de jungle. »

On est ressortis. Il y avait des couples en vue, mais pas en train de s'embrasser, et pas vraiment de notre âge.

« Le truc c'est que je trouve les garçons souvent un peu idiots.

– C'est peut-être le point que nous avons en commun, j'ai fait, persévérant dans mon approche rationnelle de la question. Moi c'est les filles que je trouve bêtes.

– Ça dépend des circonstances, je dirais pas que les garçons sont toujours idiots, mais franchement, ce qu'ils pensent des filles est souvent tellement stéréotypé. Y a des fois je te jure je les entends, je me dis mais c'est pas possible, on n'est pas *obligé* d'être aussi borné. Et pense pas que je sois féministe ou quoi que ce soit du genre...

– Manque d'analyse de la subtilité du mécanisme symétrique, ma sœur. *Trop-pas.com* est constamment sur le front de la bêtise. La tâche est immense mais nous tenons bon.

– De toute façon, a déclaré Violette, ça sert à rien de sauter sur quelqu'un juste parce qu'il faut le faire. C'est pour ça que j'approuve ton enquête. Au moins t'essaies de comprendre.

– On fait une bonne équipe. C'est la clé d'une entreprise réussie.

– Je te jure, quand je regarde les garçons je me demande vraiment qui je vais pouvoir embrasser.

– T'as raison. Moi c'est pareil.

– En même temps c'est pas du tout que je me sente supérieure ou quoi, c'est juste que je ne suis pas sur la même longueur d'onde.

– Oh mon Dieu, ma sœur. J'y suis ! Les électroaimants sont réglés sur des fréquences spéciales qui ne s'accordent qu'avec certains types de bipèdes, et pas avec d'autres.

– Évidemment. C'est le principe des atomes crochus.

– Ce qui expliquerait que les grands séducteurs soient capables de conquérir beaucoup de femmes. Ils doivent pouvoir adapter leur fréquence selon les gens. »

Nous progressions, c'était clair. Nous avons encore marché.

« Et de se tenir la main, j'ai demandé en la lui prenant, tu crois que ça joue pour éviter qu'il y ait du larsen ?

– Possible, elle a fait, sans la retirer. Pour l'instant j'ai chaud partout, avec un peu de frissons.

– Arrêtons-nous pour noter. Après on risque d'oublier.

– Tu penses qu'on aurait dû prendre un thermomètre ? J'en ai un frontal à la maison.

– Tentons une évaluation, j'ai approuvé, mettant ma main sur mon front. Moi aussi j'ai des frissons. C'est peut-être une sorte de réaction électrique quand les relais-capteurs activent les aimants. »

Comme ça commençait à nous provoquer vraiment des émotions on a été boire un chocolat. Un conseil au passage, les amis : si vous ne voulez pas courir à la ruine évitez l'île Saint-Louis. Mais à part le prix prohibitif, le goûter était excellent. J'étais content d'un aussi bon résultat, si scientifique, en si peu de temps. En plus, qu'elle soit voyante m'avait permis de découvrir tout un tas de choses que je n'avais pas imaginées, par exemple que les gens émettaient des couleurs différentes selon ce qu'ils ressentaient ou pensaient.

On a passé tout le chocolat à scruter ceux qui entraient dans le café, et j'ai essayé de « voir » aussi, mais ça ne marchait pas aussi bien que pour elle. Par contre le fait que je fasse des observations la faisait rebondir sur d'autres trucs, et à la fin c'est tout un roman qu'on était quasiment capables d'écrire rien qu'en regardant une personne. On a passé un après-midi vraiment sensass.

« On a de quoi écrire au moins trois numéros qui vont tout casser, j'ai dit, en récapitulant nos notes. On a assuré comme des bêtes.

– Quand des gens sont vraiment amoureux je vois un petit cupidon tout en or. Ma grand-mère dit que c'est ceux qui ont trouvé l'âme sœur. Ceux-là sont des amoureux spéciaux. C'est que c'est vraiment sérieux.

– Je me demande ce que ça fait de tomber amoureux, j'ai ajouté. Est-ce comme lorsqu'il y a suffisamment d'électrons qui font contact avec des protons ? Tous les aimants sont en activité et en plus il y a une sorte de ventilateur spécial qui se met en marche pile à l'endroit du cœur, donc ça doit activer un filtre dont les vibrations thermiques ont un effet direct sur les yeux, ce qui fait qu'on distingue tout plus légèrement. C'est superfort n'empêche ! »

On est sortis.

Ça faisait du bien d'y voir plus clair sur la manière dont on fonctionnait.

On a marché le long de la Seine.

« Je ne sais pas dans quelle mesure on ne devrait pas essayer nous-mêmes. Ça amènerait un plus niveau rédactionnel. J'ai peur qu'on passe un peu pour des journalistes qui ont survolé le truc de l'extérieur.

– Tu crois ? elle a fait, inquiète. Ce serait con. Avec le mal qu'on s'est donné.

– En même temps, on risque de perdre notre objectivité, sans compter que déontologiquement ce n'est peut-être pas complètement blanc-bleu.

– Oui, mais c'est du vécu. En général les lecteurs aiment bien le vécu. »

On est descendus le long du fleuve, là où l'été il y avait Paris Plage.

Mais là il n'y avait pas de plage.

Juste la Seine.

« Et au destin, est-ce que tu y crois ? elle a questionné. Ça peut jouer, non ? Il y a peut-être aussi des aimants dans la terre qui font que ton chemin va croiser telle ou telle personne, ou t'amener juste au bon endroit au bon moment.

– C'est une possibilité. Ça voudrait dire que parmi les filles il y a un certain nombre de malchanceuses puisque toutes ne rencontrent pas le Prince Charmant et son Cheval Blanc. En même temps chacun de nous réagit au destin selon son tempérament. »

Et là mes chers frères j'ai posé mes lèvres sur les siennes et j'ai fait un truc que j'avais jamais fait : j'ai mis ma langue dans sa bouche.

Bien sûr raconté comme ça ça pose un peu le gars qui analyse tout tout le temps, mais en réalité tous mes capteurs et le reste étaient en train de faire tilt et elle aussi, je pense peut-être qu'on avait pris trop de risques en menant cette enquête, ou qu'on était allés trop loin, bref, on n'arrivait plus à s'arrêter, au point que j'ai cru qu'on allait étouffer sans pouvoir se décoller.

« En fait, elle a dit, c'est aussi les filles qui sont bêtes. Je suis sûre que souvent elles ont envie de se faire embrasser et qu'elles le disent pas.

– Oui mais c'est parce que les garçons sont idiots. »

Et j'ai trouvé que ça ferait une bonne conclusion pour ce premier épisode, mes chers frères, non, qu'en pensez-vous ? Ça nous laissait encore pas mal de choses à explorer pour les suivants.

Composé par Nord Compo
à Villeneuve-d'Ascq

Achevé d'imprimer en octobre 2006
sur les presses de Darantiere
Imprimé en France